Contenido

GUÍA DE MANUALIDADES BÍBLICAS para niños

YUSMARI SERRANO

PATMOS

Introducción

El área de la educación cristiana siempre nos presenta grandes desafíos. Comunicar y transmitir conocimiento bíblico a las presentes y futuras generaciones constantemente nos demandará un arduo trabajo, una responsabilidad muy seria y un desarrollo creativo al más alto nivel. Además, los recursos existentes para poder facilitar esta tarea en nuestro círculo de influencia en muchos de los casos son limitados y poco explorados. Estas limitaciones pueden producir en los maestros y voluntarios ciertos obstáculos que les impiden llevar a cabo clases relevantes y dinámicas, que produzcan impacto en la vida de sus alumnos.

Con en esto en mente, nace desde mi corazón el deseo de servir a la comunidad cristiana con recursos creativos que despierten en los niños el deseo de aprender y aplicar las verdades de las Escrituras a su vida diaria, y al mismo tiempo ser facilitadores en la experiencia de preparación de la clase para el maestro.

Con este libro, los padres y maestros podrán perfeccionar sus clases y devocionales con actividades lúdicas que captarán la atención de los niños y que pueden usarse como apoyo para su currículo de escuela dominical o como parte de un estudio familiar de un año. Las actividades fueron cuidadosamente diseñadas y puestas en práctica antes de ser escritas aquí, para asegurar que los estudiantes puedan entender la Palabra de Dios de una manera divertida e interactiva.

Cada una de las 52 actividades tiene fotos, instrucciones paso a paso, aplicación bíblica y un código QR para acceder al video que enseña cómo hacer cada actividad.

¡Que Dios bendiga tu ministerio y manos a la obra!

1

La Creación

La Biblia nos enseña que Dios creó los cielos, la tierra y todo lo que en ella hay. Dios es poderoso, grande, amoroso y se tomó el tiempo para diseñar todo lo creado. Es importante recordarles a los niños que Dios nos creó con un propósito y que Él tiene un plan para cada uno de nosotros.

Versículo clave

En el principio creó Dios los cielos y la tierra. Génesis 1:1 (RVR1960)

Propósito

Que los niños sepan que Dios es nuestro diseñador y nuestro creador y que no hay nadie como Él.

Aplicación

Que los niños glorifiquen el nombre de Dios.

Materiales

✓ Papeles o cartulinas de colores

✓ Marcador

✓ Ojitos

✓ Limpia pipas

Nivel de dificultad
media

Tiempo de realización
5-10 minutos

Procedimiento

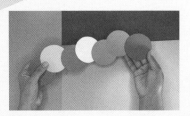

Recorta 7 círculos del mismo tamaño y pégalos uno al lado del otro.

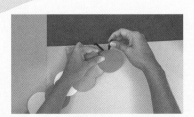

Toma el limpia pipas y haz una «V» para sus antenitas y pégalas en la parte de atrás de la cabeza.

Toma el marcador y dibuja la cara y escribe los números del 1-7 en los círculos, esto representará los días de la Creación.

Luego dobla cada limpia pipas en forma de «V» para las patas y pégalos por detrás del gusano.

Al final, puedes escribir o que los niños lo dibujen para así recordar lo que Dios hizo en cada día de la Creación.

Video idea 1

2

Adán y Eva (La caída)

Sabemos muy bien que Adán y Eva pecaron por no hacerle caso a Dios y comer de la fruta prohibida. Fue en ese momento que fuimos separados completamente del Padre y que la comunicación fue rota. Satanás vino a separarnos de Dios y sigue luchando para que nunca logremos tener nuevamente una relación con nuestro Dios.

Versículo clave

Pero no debes comer del árbol del conocimiento del bien y del mal porque el día que lo hagas, sin duda morirás. Génesis 2:17 (PDT)

Propósito

Que los niños entiendan que ese acto de desobediencia produjo una separación entre Dios y el hombre, y que es solo a través de Cristo que podemos volver a tener comunión con Dios.

Aplicación

Que los niños reconozcan a Jesús como su único y suficiente Salvador.

Materiales

- ✓ Tubo de papel higiénico
- ✓ Carton
- ✓ Estambre o lana
- ✓ Botones o cosas decorativas
- ✓ Pegamento
- ✓ Tijera

Nivel de dificultad
baja

Tiempo de realización
5-10 minutos

Procedimiento

Dibuja en un pedazo de cartón un árbol y luego recórtalo.

Una vez que lo hayas dibujado y recortado, usa hilo o estambre y enróllalo como una telaraña por todo el árbol.

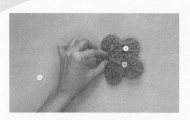

Decóralo con botones o cualquier cosa que quieras usar.

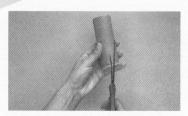

Toma el tubo de papel higiénico y hazle un corte en cada lado, eso te ayudará a formar mejor el árbol. Pega el versículo lema en el tronco.

Listo, ahora puede armar tu árbol y repasar la historia de la caída del hombre y recordarles a los niños que nuestra esperanza solamente está puesta en Jesús.

Video idea 2

3

Caín y Abel

En la historia de Caín y Abel vemos que había una costumbre y un compromiso que sus padres le habían enseñado y era el de ofrendar a Dios, pero uno de ellos lo hacía de corazón y el otro no. Caín olvidó que Dios podía ver el corazón, sus intenciones y que no estaba dando sus ofrendas con amor, a diferencia de su hermano Abel que siempre agradaba a Dios.

Versículo clave

Dios no se fija en las cualidades que la gente ve. La gente sólo presta atención al aspecto de las personas, pero el Señor ve su corazón. 1 Samuel 16:7 (PDT)

Propósito

Que los niños sepan que Dios puede mirar nuestro corazón y que no lo podemos engañar.

Aplicación

Que hagan las cosas con amor.

Materiales

✓ Papel de colores

✓ Tijeras

✓ Palitos de madera

✓ Pegamento

✓ Marcadores

Nivel de dificultad
baja

Tiempo de realización
5 minutos

Procedimiento

Recorta dos círculos del mismo tamaño.

Que los niños dibujen una carita feliz y otra enojada.

Luego toma los palitos de madera y pégalos por detrás.

Ahora escribe el nombre que va de acuerdo con cada carita.

De esta forma tendrás una manera diferente de mostrar la historia de Caín y Abel, siempre debemos hacer las cosas con amor porque Dios mira nuestro corazón.

Video idea 3

4

El arca de Noé

Qué lindo es recordar cómo Dios, en su gran misericordia, usó la vida de Noé para salvar a la humanidad. Noé y su familia creyeron en Dios, además fueron fieles a sus promesas, y aunque todo era incierto y jamás habían visto llover, sabían que Dios era real y que nunca los abandonaría. Al final de todo, Dios puso en los cielos un arcoíris como promesa de que la tierra nunca más sería destruida con agua.

Versículo clave

En las nubes cuelgo mi arco, el arco iris, que servirá como señal del pacto que yo hago con el mundo. Génesis 9:13 (PDT)

Propósito

Que los niños sepan que tenemos un Dios de amor, pero que también es un Dios que castiga.

Aplicación

Que los niños confíen en las promesas de Dios y qué nunca estarán solos.

Materiales

✓ Plato desechable o un cartón de forma circular
✓ Pintura o color amarillo
✓ Cintas o guirnaldas de colores
✓ Cartulina naranja y amarilla (pueden ser pintadas)
✓ Tijeras
✓ Pegamento

Nivel de dificultad
media

Tiempo de realización
10-15 minutos

Procedimiento

Primero, pinta el plato de color amarillo; luego, córtalo por la mitad.

Después, pega las tiras de papel en la parte de una mitad del plato.

Ahora usa el papel amarillo y naranja y recorta pequeños triángulos para pegar en el arco del plato que tiene las cintas pegadas.

Finalmente, debes pegar la otra mitad del plato encima. Pega el versículo y coloca un cordón para colgar el móvil.

Ahora ya tienes un móvil que recordará la promesa de que Dios nunca más destruirá la tierra con agua.

Video idea 4

5

Abraham e Isaac

En la Biblia encontramos esta historia interesante de un padre que lleva a su hijo para matarlo en obediencia a Dios. Este padre amaba mucho a su hijo; pero sabía que, aunque no entendía y mucho menos comprendía por qué Dios le estaba pidiendo esto, estaba dispuesto a obedecer su Palabra.

Versículo clave

Abraham respondió: Dios proveerá el cordero para el sacrificio, hijo mío. Entonces ambos siguieron caminando. Génesis 22:8 (PDT)

Propósito

Que los niños sepan que a veces no entendemos por qué debemos hacer lo que Dios nos dice, pero que tenemos que confiar y que Dios siempre está para cuidarnos y guiarnos en todo.

Aplicación

Que los niños confíen en Dios con todo su corazón, aunque muchas veces no entendamos lo que Él está haciendo en nosotros.

Materiales

- ✓ Papel o cartulina
- ✓ Palitos de helado
- ✓ Ojos
- ✓ Botón
- ✓ Marcador o lápiz
- ✓ Tijeras
- ✓ Pegamento

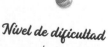

Nivel de dificultad
baja

Tiempo de realización
5 minutos

Procedimiento

Toma el papel y dibuja un signo de interrogación. Si quieres, puedes hacerlo en la computadora.

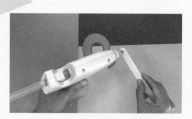

Recorta y pégalo sobre la punta del palito de helado.

Pega los ojitos en el signo de interrogación y el botón en la parte de abajo.

Escribe: Abraham e Isaac.

Ambos tenían preguntas, no sabían lo que iba a pasar, pero Dios ya tenía la respuesta.

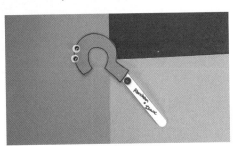

Video idea 5

6

José, el hijo amado

En la Biblia encontramos la vida del joven José, una vida que estuvo llena de muchos altibajos. Fue amado por su padre y aborrecido por sus hermanos. Fue vendido, estuvo en la cárcel; su vida no fue nada fácil. Pero a pesar de todo eso, vemos que no solo fue amado por su padre sino también por Dios, Él nunca lo dejó solo y siempre estuvo guiándolo en su camino.

Versículo clave

Por lo tanto, no fueron ustedes los que me enviaron aquí, fue Dios. Me convirtió como en un padre para el faraón, señor de toda su casa y gobernador de toda la tierra de Egipto. Génesis 45:8 (PDT)

Propósito

Que los niños sepan que Dios puede transformar nuestra vida y nuestro dolor. Que no importa por lo que pasemos, Él nos ama y tiene un plan maravilloso para cada uno de nosotros.

Aplicación

Que los niños aprendan a confiar en Dios en todo momento, especialmente en los momentos más difíciles de nuestra vida.

Materiales

- ✓ Cartulina o papel rojo y blanco
- ✓ Ojitos
- ✓ Pegamento
- ✓ Tijeras
- ✓ Lápiz o marcador
- ✓ Pegamento

Nivel de dificultad
baja

Tiempo de realización
5 minutos

Procedimiento

Recorta: 1 corazón grande, 4 corazones pequeños, 4 tiras de papel blancas, 2 más grandes; y tenlos listos para los niños.

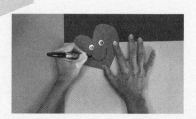

Ahora pega los ojos y dibuja una boca.

Toma las tiras de papel, dobla cada una como un acordeón y pega los corazones pequeños en las puntas.

Luego pega los brazos y piernas por detrás del corazón y escribe: José, el hijo amado.

Que los niños recuerden siempre que a pesar de las circunstancias, el corazón de José estaba feliz porque Dios estaba con él.

Video idea 6

7

José es vendido

José era un joven soñador y amado por su padre. Esto creó una gran envida y celos por parte de sus hermanos, tanto que lo vendieron a extraños. Sin embargo, Dios cuidaba a José y tenía un gran plan para su vida.

Versículo clave

Ustedes se propusieron hacerme mal, pero Dios dispuso todo para bien. Él me puso en este cargo para que yo pudiera salvar la vida de muchas personas. Génesis 50:20 (NTV)

Propósito

Que los niños busquen a Dios en oración en todo momento.

Aplicación

Que oren y confíen en Dios siempre, sabiendo que Él será nuestro refugio.

Materiales

- ✓ Cartulina
- ✓ Palitos de madera
- ✓ Ojos
- ✓ Pegamento
- ✓ Tijeras
- ✓ Marcador negro

Nivel de dificultad
baja

Tiempo de realización
5 minutos

Procedimiento

Toma la cartulina y recorta un cuadro.

Pega el palito de madera.

Pega los ojos.

Escribe las palabras: Se vende.

De esta forma podrás simular una venta de algo para recordar que José fue vendido por sus hermanos, pero Dios siempre cuido de él.

Video idea 7

8

José en la cárcel

En la Biblia encontramos la vida de José, un muchacho que sufrió mucho a raíz de la envidia de sus hermanos. Él no tenía el control de su vida, no sabía lo que le iba a suceder, lo único que sabía era que Dios estaría con él toda su vida y que nunca lo dejaría solo. Por eso, él confió; y aunque no podía controlar lo que sucedía a su alrededor, su confianza en Dios nunca se debilitó.

Versículo clave
No tengo yo mayor gozo que este, el oír que mis hijos andan en la verdad.
3 Juan 1:4 (RVR1960)

Propósito
Que los niños sepan que no podemos saber lo que nos sucederá en la vida, pero que siempre hay que confiar en Dios para todo y en todo.

Aplicación
Que los niños confíen en Dios a pesar de las circunstancias de la vida.

Materiales
✓ Plato desechable o cartulina
✓ Papel
✓ Botones
✓ Ojitos
✓ Pintura o témpera
✓ Marcador

Nivel de dificultad
media

Tiempo de realización
10 minutos

Procedimiento

Toma el plato y pinta solo la mitad de color piel.

Recorta tiras de papel negro y pégalas en el plato de esta forma.

Luego pega los dos botones, toma un papel y escribe el nombre de José y decóralo a tu manera.

Una vez que lo tengas, pégalo en la ropa y pega los ojos y dibuja una boca.

Listo, ya tienes una manualidad para que los niños recuerden la historia de José en la cárcel.

Video idea 8

9

José perdona a sus hermanos

A pesar de la vida dura que tuvo José, y de que sus hermanos lo vendieron, él tuvo que seguir adelante. Aunque no fue nada fácil, José tuvo que dejar a su padre, su hogar y su tierra. Y cuando él era el oficial de mayor rango en Egipto, Dios le dio la oportunidad de reencontrarse con sus hermanos, oportunidad que Dios permitió para sanar sus heridas. Fue durante ese reencuentro que José perdonó a sus hermanos.

Versículo clave

No se enojen unos con otros, más bien, perdónense unos a otros. Cuando alguien haga algo malo, perdónenlo, así como también el Señor los perdonó a ustedes.
Colosenses 3:13 (PDT)

Propósito

Que los niños sepan que el perdonar a otros nos ayuda a ser mejores personas, a vivir sin rencor; así agradamos a Dios.

Aplicación

Que los niños sientan el deseo de perdonar a otros.

Materiales

✓ Cartulina o papel
✓ Tijeras
✓ Marcadores
✓ Tachuela

Nivel de dificultad
baja

Tiempo de realización
5 minutos

Procedimiento

Haz dos corazones.

Únelos con una tachuela o amárralos con un hijo.

Escribe en el corazón negro todo lo que puede haber en una persona que ha sido despreciada por sus hermanos.

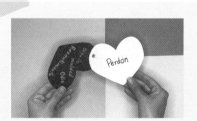

En el corazón blanco, que significa pureza, escribe la palabra: Perdón.

Explícale a los niños que Dios purifica nuestros corazones cuando nosotros perdonamos a los que nos ofenden.

Video idea 9

10

Dios cuida de Moisés

Moisés apenas era un bebe cuando el Faraón de Egipto mandó a matar a todos los niños varones del pueblo de Israel. Dios en su infinita misericordia libró a Moisés de la muerte, ya que Él tenía un plan para su vida.

Versículo clave

Mi ayuda vendrá del Señor, el creador del cielo y de la tierra.
Salmos 121:2 (PDT)

Propósito

Que los niños comprendan que Dios cuida a cada uno de nosotros y que Él tiene un plan y un propósito para nuestras vidas.

Aplicación

Que los niños confíen en Dios y que hablen con Él a través de la oración.

Materiales

✓ Vaso desechable
✓ Pasto o rafia
✓ Palito de madera
✓ Retazos de tela
✓ Marcador
✓ Tijeras
✓ Pegamento

Nivel de dificultad
baja

Tiempo de realización
5-10 minutos

Procedimiento

Toma un vaso desechable y córtalo por la mitad, luego corta una tira delgada de lo que sobre del vaso.

Pega la tira en el vaso formando una canasta.

Toma un palito de madera, córtalo por la mitad y dibuja la cara del bebé.

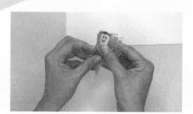

Envuelve al bebé con el retazo de tela como si fuera una manta. Usa pasto seco o rafia para formar la cama.

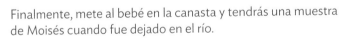

Finalmente, mete al bebé en la canasta y tendrás una muestra de Moisés cuando fue dejado en el río.

Video idea 10

11

Dios llama a Moisés

Dios siempre quiere estar en comunicación con nosotros, pero a veces estamos muy ocupados o distraídos que no reconocemos la voz de Dios. Debemos de estar atentos a su llamado y saber reconocer su voz cuando nos habla.

Versículo clave

Allí el ángel del Señor se le apareció en una llama de fuego, en medio de una zarza. Éxodo 3:2 (PDT)

Propósito

Que los niños sepan que Dios nos habla de muchas maneras, a través de una persona, de su Palabra y siempre debemos estar atentos a su llamado.

Aplicación

Que los niños establezcan una relación con Dios.

Materiales

✓ Dos vasos desechables

✓ Hijo

✓ Cinta adhesiva o papel

✓ Marcador

Nivel de dificultad
baja

Tiempo de realización
5 minutos

Procedimiento

Toma los dos vasos y perfóralos.

Mete el hilo y hazle un nudo por la parte interna de cada vaso.

Toma la cinta adhesiva y escribe en un vaso: Dios.

En el otro escribe el nombre de Moisés.

Ahora tienes un teléfono que representa el llamado de Dios a Moisés.

Video idea 11

12

Las diez plagas de Egipto

Dios quiere que seamos sensibles a su Palabra, que tengamos un corazón dispuesto a obedecerlo y no un corazón tan insensible como el de Faraón.

Versículo clave

Entonces Jehová dijo a Moisés: El corazón de Faraón está endurecido, y no quiere dejar ir al pueblo. Éxodo 7:14 (RVR1960)

Propósito

Que los niños sepan que Dios libertó a su pueblo de la esclavitud y que aún sigue siendo fiel a nosotros.

Aplicación

Que los niños aprendan a ser sensibles a la voz de Dios y compartan lo bueno y grande que fue con su pueblo.

Materiales

✓ Palito de helado
✓ Cartulina
✓ Marcadores
✓ Pegamento
✓ Fomi o calcomanías
✓ Tijeras

Nivel de dificultad
baja

Tiempo de realización
5-10 minutos

Procedimiento

Toma la cartulina y traza tus manos o las manos de los niños y recórtalas.

Ahora escribe las 10 plagas en cada dedo y pega las dos manos.

Toma el palito de helado y pégalo a la manos por la parte de atrás.

Luego, pega el número 10 encima de las manos y decora al gusto de los niños.

Ahora escribe la palabra «plagas» y repasa las 10 plagas con los niños.

Video idea 12

13

Moisés y el mar Rojo

Dios usó a este gran líder llamado Moisés para liberar de la esclavitud al pueblo de Israel, demostró así su compromiso de cumplir con su pacto hacia su pueblo escogido.

Versículo clave

Moisés extendió su brazo sobre el mar y el Señor provocó un fuerte viento del oriente que sopló toda la noche e hizo que el mar retrocediera. Las aguas retrocedieron a cada lado, dejando en el medio tierra seca. Éxodo 14:21 (PDT)

Propósito

Que los niños sepan que Dios puede abrir caminos donde no los hay, y demostrar su gran poder y compromiso con su pueblo.

Aplicación

Que los niños busquen a Dios, crean y confíen con todo su corazón.

Materiales

✓ Cartulina o papel

✓ Palitos de helado

✓ Pegamento

✓ Marcadores

✓ Cinta

✓ Limpia pipas

Nivel de dificultad
baja

Tiempo de realización
5 minutos

Procedimiento

Toma el papel y recorta formando ondas que se vean como el mar.

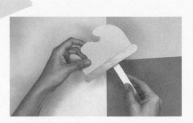

Pega el palito de helado por la parte de atrás y al frente.

Con un pedazo de palito de helado pega la túnica y dibuja la cara de Moisés.

Luego forma el bastón con el limpia pipas y pega ambos en una esquina.

Ahora tienes a Moisés cruzando el mar Rojo para que los niños recuerden que pueden confiar en Dios.

Video idea 13

14

El Maná

Dios cuidó de su pueblo Israel cuando salió de la esclavitud. Él los guiaba a través de su siervo Moisés y los orientaba en todo el camino. Durante el recorrido por el desierto los alimentó con un pan que descendía directamente del cielo llamado «maná».

Versículo clave

Le pido a mi Dios que les dé a ustedes todo lo que necesitan, conforme a las espléndidas riquezas que tiene en Jesucristo. Filipenses 4:19 (PDT)

Propósito	Aplicación
Que los niños sepan que Dios siempre cuida de nosotros, que Él nos escucha y que nunca nos dejará solos.	*Que los niños tengan la confianza de pedirle a Dios en oración, sabiendo que Él nos escucha y que cuida de cada uno de nosotros.*

Materiales

✓ Vaso reciclado

✓ Alambre

✓ Pan

✓ Marcador

Nivel de dificultad
baja

Tiempo de realización
5 minutos

Procedimiento

Usa un vaso reciclado.

Escribe la palabra: maná.

Luego usa el alambre y mételo en ambos extremos del vaso para formar una canasta.

Corta pan para poner dentro de la canasta.

Así tendrás una manera linda y práctica de explicarles sobre el maná y el cuidado que Dios tuvo y tiene con su pueblo.

Video idea 14

15

Los Diez Mandamientos

Dios nos dejó mandamientos para cumplir. ¿Es difícil? ¡Lo es! Pero lo más importante es poder guardarlos en nuestro corazón y tenemos que tratar al máximo de cumplirlos para así honrar a nuestro Dios.

Versículo clave

Memorizo tus enseñanzas para no pecar contra ti.
Salmos 119:11 (PDT)

Propósito

Que los niños guarden la Palabra de Dios en su corazón y memoricen sus mandamientos.

Aplicación

Que los niños apliquen la Palabra de Dios en su vida, especialmente sus mandamientos.

Materiales

✓ Cartulina o papel de colores
✓ Tijeras
✓ Tachuela
✓ Marcadores o lápices

Nivel de dificultad
baja

Tiempo de realización
5-10 minutos

Procedimiento

Recorta 10 corazones de diferentes colores.

Escribe cada mandamiento en cada corazón.

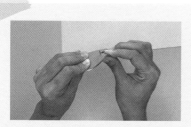

Mete la tachuela en una esquina.

Para así unir todos los corazones.

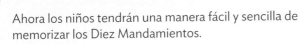

Ahora los niños tendrán una manera fácil y sencilla de memorizar los Diez Mandamientos.

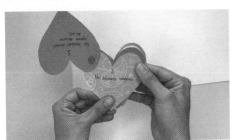

Video idea 15

16

El becerro de oro

Nosotros como seres humanos olvidamos muchas veces las promesas que le hacemos a nuestro Dios y sobre todo sus mandamientos. Él nos dejó su Palabra para guiarnos a Él, pero también nos dejó líderes para recordarnos que siempre debemos permanecer en sus caminos. No debemos ser como el pueblo de Israel y adorar a otros dioses, seamos fieles a nuestro Dios hasta el fin.

Versículo clave
No hagas para ti ningún ídolo ni nada parecido de lo que hay arriba en el cielo, ni del que hay abajo en la tierra. Éxodo 20:4 (PDT)

Propósito
Que los niños comprendan que hay un solo Dios al cual siempre debemos adorar, obedecer y honrar.

Aplicación
Que los niños rindan completamente sus corazones al único Dios verdadero.

Materiales
✓ Bolsa de papel
✓ Papel o cartulina amarilla
✓ Marcador
✓ Pegamento

Nivel de dificultad
baja

Tiempo de realización
5 minutos

Procedimiento

Toma el papel amarillo y recorta un ovalo, una nube, dos orejas y dos cuernos.

En la bolsa de papel empieza a pegar las figuras hasta formar un becerro.

Luego pinta con un marcador negro los ojos, nariz y orejas.

Finalmente, recorta un corazón y escribe el versículo clave: Éxodo 20:4.

Que los niños recuerden que nuestro corazón siempre debe adorar a Dios.

Video idea 16

17

Josué y Jericó

Josué tenía una gran responsabilidad como el nuevo líder de Israel. Su responsabilidad sería guiarlos por una tierra que no era fácil de conquistar, ya que tenía grandes ejércitos y ciudades fortificadas como lo era Jericó. Sin embargo, Josué confiaba en Dios y sabía que Él lo ayudaría a conquistar la tierra prometida.

Versículo clave

Te repito: sé fuerte y valiente. No tengas miedo ni te desanimes porque el Señor tu Dios estará contigo donde quiera que vayas. Josué 1:9 (PDT)

Propósito

Que los niños sepan que tenemos un Dios fuerte y dispuesto a ayudarnos en cualquier situación que tengamos.

Aplicación

Que los niños aprendan a confiar en Dios a través de su Palabra, la oración y la adoración.

Materiales

✓ Tubo de papel reciclado

✓ Cartulina o papel

✓ Pegamento

✓ Cinta pora decorar

Nivel de dificultad
media

Tiempo de realización
5-10 minutos

Procedimiento

Toma el tubo de papel y fórralo con papel.

Luego recorta un semicírculo.

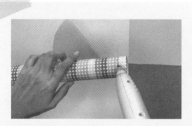

Pégalo en la parte de abajo del tubo.

Pega una cinta para decorar.

Ya tienes una linda manualidad para enseñarle a los niños acerca de los muros de Jericó y lo fiel que fue Dios al derribarlos.

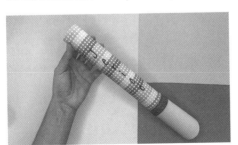

Video idea 17

18

Daniel y sus amigos

Daniel era un joven cuando lo llevaron cautivo lejos de su familia y de todo lo que él amaba y quería, pero lo único que no pudieron hacer fue alejarlo de Dios, porque Él no está en un lugar, sino que ¡está en todos lados a donde cada uno de nosotros vayamos!

Versículo clave

Y Daniel propuso en su corazón no contaminarse con la porción de la comida del rey, ni con el vino que él bebía; pidió, por tanto, al jefe de los eunucos que no se le obligase a contaminarse. Daniel 1:8 (RVR1960)

Propósito

Que los niños sepan que Dios siempre estará con nosotros, por eso debemos ser fieles a su Palabra y a sus promesas.

Aplicación

Que los niños aprendan a ser fieles a Dios y a poner en práctica su fortaleza y confianza.

Materiales

- ✓ Cartulina o papel
- ✓ Pinzas para perforar o sacabocados
- ✓ Hilo, estambre, cinta o lana
- ✓ Versículo clave impreso o escrito
- ✓ Tijeras

Nivel de dificultad
baja

Tiempo de realización
5 minutos

Procedimiento

Toma el papel o la cartulina y recorta un corazón.

Abre huecos con un sacabocados o algo puntiagudo.

Tomas un hilo o algo que te sirva para decorar los bordes.

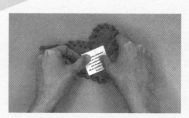

Finalmente, escribe el versículo en el corazón o pégalo si lo tienes impreso.

Ahora ya tienes una manualidad fácil, linda y muy económica para hacer con los niños. Recuerda que siempre puedes sustituir los materiales con lo que tengas en casa.

Video idea 18

19

Daniel y el sueño del rey

El rey Nabucodonosor tuvo un sueño que lo desconcertó mucho y que ningun sabio de su reino podía interpretar; situación que lo enfureció mucho, por lo que dio la órden de matarlos si no le explicaban el sueño. Sin embargo, Dios tenía un gran propósito a través de ese sueño. Dios tenía preparado a un joven muy inteligente quien interpretaría el sueño del rey. Daniel y sus amigos clamaron pidiendo ayuda a Dios, y Dios le reveló a Daniel el sueño y la interpretación.

Versículo clave

Alabado sea el nombre de Dios por siempre y para siempre, porque a él pertenecen toda la sabiduría y todo el poder. Daniel 2:20 (NTV)

Propósito

Que los niños sepan que Dios nos da la sabiduría para comprender en todo momento, así cómo se la dio a Daniel.

Aplicación

Que los niños busquen esa sabiduría en la Palabra de Dios.

Materiales

✓ Palito de helado
✓ Cinta
✓ Papel de colores
✓ Ojitos
✓ Tijeras
✓ Pegamento
✓ Marcadores

Nivel de dificultad
baja

Tiempo de realización
5 minutos

Procedimiento

Recorta el papel café en forma de barba y pégala en el palito de madera. Pega papel del color que quieras en la parte baja del palito.

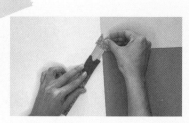

Recorta una corona y pégala hasta arriba del palito.

Toma los ojitos, pégalos debajo de la corona y dibuja una pequeña boca.

Ahora pega la cinta de modo que parezca la capa del rey.

Listo, ya tienes un lindo rey para recordar la historia de Daniel y el sueño del rey Nabucodonosor.

Video idea 19

20

Daniel y el horno de fuego

Este joven y sus amigos se encontraban en otra situación complicada por no adorar a una estatua que el rey había mandado a construir. Ellos fueron valientes y sabían que al único que debían obedecer y adorar por siempre era a Dios.

Versículo clave
No adores otros dioses además de mí.
Éxodo 20:3 (PDT)

Propósito
Que los niños sepan que no debemos adorar a otros dioses.

Aplicación
Que los niños honren y glorifiquen solamente a Dios.

Materiales
✓ Cartulina o papel
✓ Palitos de helado
✓ Pegamento
✓ Limpia pipas

Nivel de dificultad
media

Tiempo de realización
5-10 minutos

Procedimiento

Recorta un triángulo de papel y pega los palitos de helado.

Recorta un círculo y unas alas en forma de mariposa y pega para formar un ángel.

Escribe el versículo o el tema de la lección y pega un palito extra encima.

Usa un limpia pipas para formar la aureola del ángel.

Listo, ya tienes un lindo ángel para recordar la historia de Daniel y el horno de fuego.

Video idea 20

Daniel en el foso de los leones

Daniel se encontraba en una situación muy aterradora, estaba en un lugar donde daba miedo y, además, estaba solo. Pero Daniel confiaba con todo su corazón en un Dios grande y poderoso, y estaba seguro de que Él era capaz de cerrar la boca de estos leones y guardarlo para que nada malo le pasara.

Versículo clave

Mi Dios envió a su ángel a cerrar la boca de los leones y no me han hecho nada, porque sabe que soy inocente, y tampoco le he hecho a usted, majestad, ningún mal. Daniel 6:22 (PDT)

Propósito

Que los niños sepan que Dios es fiel a sus promesas y que nos cuida y nos ayuda a enfrentar todo.

Aplicación

Que los niños confíen en Dios, que estén seguros de su Palabra y que es fiel y justo.

Materiales

✓ Un plato desechable
✓ Témpera amarilla y café
✓ Brochas
✓ Tijeras
✓ Pegamento
✓ Ojos
✓ Fieltro o cartulina
✓ Estambre o hilo
✓ Marcadores

Nivel de dificultad
baja

Tiempo de realización
5-10 minutos

Procedimiento

Toma el plato y pinta la parte del centro de amarillo y alrededor de café, que simule el cabello de un león.

Una vez que esté seco, pega los ojitos, la nariz y el bigote.

Al centro del plato, pinta la boca, las cejas y la nariz.

Finalmente, corta la cabellera del león con una tijera.

Explícale a los niños que no hay nada imposible para Dios y que Él es más fuerte que un león.

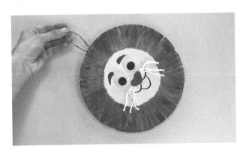

Video idea 21

22

Sansón y Dalila

Muchas veces pensamos que somos más inteligentes que los demás, que no importa lo que diga la Palabra de Dios, que nosotros lo podemos todo. La Biblia nos enseña que debemos guardar su Palabra, creer en sus promesas y sobre todo confiar y esperar en Dios. ¿Qué fue lo que pasó con Sansón? Él no esperó, no hizo lo que Dios le dijo que hiciera, sino que pensó que con su inteligencia podía manejar cualquier situación.

Versículo clave
Confía en el Señor totalmente, no en tu propia sabiduría.
Proverbios 3:5 (PDT)

Propósito

Que los niños sepan que siempre debemos pedirle a Dios sabiduría y no confiar en los hombres.

Aplicación

Que busquen la opinión de Dios siempre a través de la Biblia.

Materiales

✓ Cartulina o papel

✓ Estambre o lana

✓ Pinzas para perforar o sacabocado

✓ Tijeras

✓ Marcador

Nivel de dificultad
baja

Tiempo de realización
5-10 minutos

Procedimiento

Toma la cartulina, dibuja y recorta un rostro.

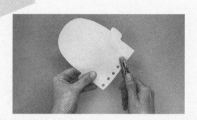

Con el sacabocados, abre huecos.

Amarra la lana o el estambre en los huecos.

Dibuja la cara a Sansón.

Recuérdales a los niños que Sansón no se podía cortar su cabello porque perdería su fuerza.

Video idea 22

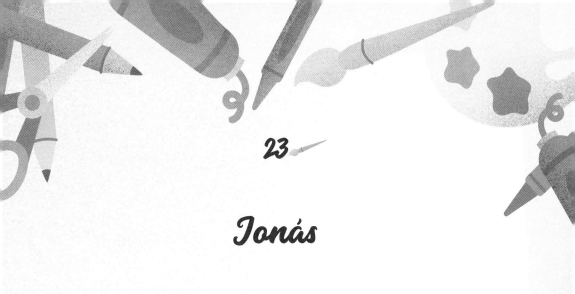

23

Jonás

Jonás era un hombre que amaba a Dios y que estaba dispuesto a servirlo en todo, menos en una cosa, ir a Nínive a predicar. No por malo ni por no tener amor por su prójimo, sino que, como todo ser humano, él no era perfecto. Dios quería mostrarle al pueblo de Nínive que era un Dios de amor, misericordia y perdón, y también deseaba darle una lección a Jonás de amor al prójimo.

Versículo clave

Sabía que eres un Dios bueno, que muestras gran compasión, no te enojas con facilidad, estás lleno de amor. Jonás 4:2 (PDT)

Propósito

Que los niños aprendan a amar a su prójimo y no como Jonás, que hizo un juicio antes de hablarles del amor de Dios.

Aplicación

Que los niños reconozcan el amor de Dios, y que puede usarlos para impactar la vida de otros.

Materiales

- ✓ Tubo de papel higiénico
- ✓ Pintura, tempera o colores
- ✓ Tijeras
- ✓ Ojitos
- ✓ Pegamento
- ✓ Limpia pipas

Nivel de dificultad
media

Tiempo de realización
5-10 minutos

Procedimiento

Toma el tubo de papel higiénico y píntalo de color azul.

Una vez pintado, dóblalo a la mitad y corta un extremo en forma circular.

Haz dos cortes en el otro extremo del cartón para así formar la cola del pez.

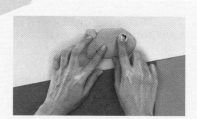

Dobla hacia adentro para lograr una cola perfecta y luego pega el ojito. Coloca un limpia pipas para formar el agua de la ballena.

Listo, ya tienes la ballena para enseñar a los niños con una clase divertida y práctica acerca de la vida de Jonás.

Video idea 23

24

David

¿Crees que un simple pastor de ovejas pueda algún día llegar a ser alguien importante como un rey? En esta manualidad aprenderemos acerca de una persona que no siempre tuvo todo, que fue humilde y que Dios lo puso como rey. Ese es David, el hombre conforme al corazón de Dios.

Versículo clave

Cuando hagan cualquier trabajo, háganlo de todo corazón, como si estuvieran trabajando para el Señor y no para los seres humanos. Colosenses 3:23 (PDT)

Propósito

Que los niños aprendan a poner todo de su parte y a confiar en el proyecto de Dios para sus vidas.

Aplicación

Que los niños sueñen y que todos sus sueños estén en armonía con la voluntad y la dirección de Dios.

Materiales

✓ Cartón o Fomi
✓ Algodón
✓ Vaso desechable
✓ Pegamento
✓ Pompones
✓ Limpia pipas
✓ Marcadores
✓ Flor

Nivel de dificultad
media

Tiempo de realización
10-15 minutos

Procedimiento

En el cartón dibuja la cabeza de una oveja, recórtala y dibújale ojos, nariz y boca. Coloca un poco de algodón en la parte de arriba.

Toma el vaso desechable y pégale algodón hasta cubrirlo todo.

Ahora pega los pompones por debajo del vaso para que sean las patitas de la ovejita y pega la cabeza en la parte de arriba.

Finalmente, toma el limpia pipas y dóblalo en forma de bastón. Pégalo a un lado de la oveja.

Así tendrás una oveja como ejemplo del trabajo de David antes de ser rey.

Video idea 24

25

David y Goliat

David era muy pequeño para enfrentarse contra Goliat. Muchos no creían en él, pero David tenía toda su confianza puesta en Dios y sabía que con Él todo era posible.

Versículo clave

El Señor peleará a favor de ustedes; así que manténganse en silencio.
Éxodo 14:14 (PDT)

Propósito	**Aplicación**
Que los niños sepan que pueden confiar en Dios, no importa qué tan grande sea su problema, porque en Dios somos más que vencedores.	*Que los niños confíen en Dios y pongan su fe siempre en Él.*

Materiales

✓ Tubo de papel higiénico

✓ Papel

✓ Tijeras

✓ Pegamento

✓ Globo

✓ Cinta adhesiva

✓ Pompones

Nivel de dificultad
media

Tiempo de realización
5-10 minutos

Procedimiento

Pega el papel sobre el tubo de papel higiénico.

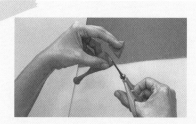

Toma el globo y corta menos de la mitad.

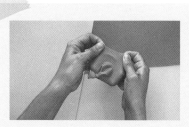

Colócalo sobre el tubo.

Pégalo con cinta adhesiva.

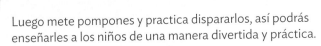

Luego mete pompones y practica dispararlos, así podrás enseñarles a los niños de una manera divertida y práctica.

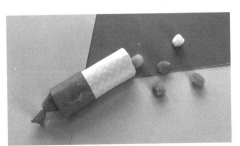

Video idea 25

26

María y el ángel

El encuentro que tuvo María y el ángel enviado por Dios es una de las historias claves dentro de la redención de Dios para el mundo. María fue elegida por Dios, para que a través de su vida viniera al mundo nuestro Salvador.

Versículo clave

El ángel se le apareció a una joven llamada María, una virgen comprometida para casarse con un hombre llamado José, de la familia de David. Lucas 1:27 (PDT)

Propósito

Que los niños conozcan la historia de cómo María supo que sería madre del Salvador.

Aplicación

Que los niños hablen a otros de las buenas nuevas y de cómo Jesús vino a este mundo.

Materiales

✓ Cartulina o capacillos para cupcakes
✓ Tijeras
✓ Limpia Pipas
✓ Marcador

Nivel de dificultad
baja

Tiempo de realización
5-10 minutos

Procedimiento

Recorta un círculo de cartulina o usa un capacillo y doblado formando un triángulo, que servirá como vestido del ángel.

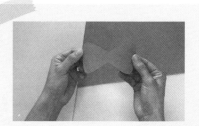

Recorta unas alas y la cabeza.

Pega las alas y la cabeza para formar un angelito.

Dibuja en la cabeza los ojitos. Dobla el limpia pipas como aureola.

Así tendrás un lindo ángel para hablarle a los niños acerca de María y el ángel.

Video idea 26

27

El nacimiento de Jesús

La Navidad es una de las fechas más hermosas de nuestro calendario. Porque no solamente es tiempo para celebrar, o ir de compras o festejar, sino que es especialmente para recordar el regalo maravilloso de parte de Dios para la humanidad, Jesús, que vino a este mundo para darnos esperanza, amor y una nueva vida.

Versículo clave
Hoy en el pueblo del rey David, les ha nacido un Salvador, que es el Mesías, el Señor. Lucas 2:11 (PDT)

Propósito	Aplicación
Que los niños sepan qué Jesús vino a este mundo para salvarnos y darnos esperanza.	*Que confíen en Jesús y crean en Él como su único y suficiente Salvador.*

Materiales
- ✓ Una tapa reciclada
- ✓ Pasto o rafia
- ✓ Pegamento
- ✓ Tela o servilleta
- ✓ Tubo de papel higiénico
- ✓ Cartulina o papel
- ✓ Marcador

Nivel de dificultad
media

Tiempo de realización
10-20 minutos

Procedimiento

Recorta el tubo de papel higiénico y enróllalo y pégalo de modo que quede más delgado.

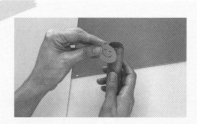

Recorta y dibuja una carita y pégala sobre el tubo de papel higiénico.

En la tapa coloca pegamento y pega pasto o rafia para así formar una cuna.

Finalmente envuelve el niño en tela o servilleta para simular su colchita y pégalo sobre la cuna.

Listo, ya tienes un hermoso bebé Jesús para la clase de hoy.

Video idea 27

28

Jesús y sus discípulos

El amor que debemos demostrarle a Dios no es un llamado a unirse a una religión, asistir a una serie de reuniones o a simpatizar con algunos buenos principios acerca de la vida. Amar a Dios es una decisión que nos va a exigir un compromiso sincero, que va a romper con ideas y estilos de vida. Amar a Dios es renunciar a nuestra antigua vida y seguir la vida que Dios tiene para nosotros.

Versículo clave
En aquellos días él fue al monte a orar, y pasó la noche orando a Dios. Y cuando era de día, llamó a sus discípulos, y escogió a doce de ellos, a los cuales también llamó apóstoles. Lucas 6:12-13 (RVR1960)

Propósito
Que los niños sepan que el llamado que nos hace Jesús es a seguirlo con un compromiso sincero y fiel.

Aplicación
Que los niños cada día amen y se comprometan más con Dios.

Materiales
✓ Papeles de diferentes colores
✓ Tijeras
✓ Pegamento
✓ Marcador

Nivel de dificultad
baja

Tiempo de realización
5-10 minutos

Procedimiento

Corta tiras de papel del mismo tamaño y una cruz.

Escribe los nombres de los discípulos en cada tira de papel que hayas cortado y el nombre de Jesús en la cruz.

Ahora une los dos extremos y pega la cruz encima.

Una vez que lo hayas hecho, continúa pegando todas las demás tiras de papel hasta formar una cadena.

De esta forma tendrás una manera entretenida de enseñar los nombres de los discípulos y un elemento decorativo para tu salón de clases.

Video idea 28

29

Jesús y sus milagros

Los milagros y prodigios que Cristo realizó durante su ministerio tenían como propósito legitimar que Jesús era Dios, que era el Mesías espera-do y un Dios de amor y compasión. Hoy Dios continúa haciendo grandes y poderosos milagros no solo en la vida de sus hijos sino también en toda su Creación. Cada milagro de Cristo es un recordatorio del poder de Dios y nos da esperanza para nuestro encuentro con el Salvador.

Versículo clave
Para los hombres es imposible —aclaró Jesús, mirándolos fijamente—, pero no para Dios; de hecho, para Dios todo es posible. Marcos 10:27 (NVI)

Propósito
Que los niños conozcan el gran poder de Dios.

Aplicación
Que los niños hablen de todos los milagros que hizo Jesús.

Materiales
✓ Palito de helado
✓ Cartulina o fomi
✓ Marcador
✓ Pegamento
✓ Tijeras

Nivel de dificultad
baja

Tiempo de realización
5-10 minutos

Procedimiento

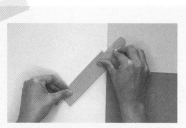

Toma el palito de madera y pega el papel naranja.

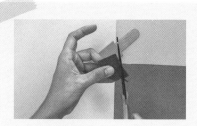

Recorta la forma de una barba con el papel marrón y pégala en la parte de arriba.

También recorta una capa y pégala en la parte de atrás del palito.

Ahora pega los ojos y el cabello y escribe el nombre de Jesús.

De esta manera los niños jugarán y a la vez recordarán que Jesús es un superhéroe real, y que tiene el poder para sanar personas.

Video idea 29

30

La muerte de Jesús

El día de la muerte de Jesús es considera como el viernes más triste de la historia. Jesús fue torturado, su cuerpo fue sometido a una barbarie como ninguna otra flagelación. Ese viernes Jesús estaba solo, traicionado por uno de sus hombres y Pedro lo negó cruelmente. Sin embargo, Cristo estaba muriendo en la cruz a favor del hombre pecador. Su muerte por nuestros pecados constituye nuestra salvación y nos da esperanza para una eternidad cerca de Jesús.

Versículo clave
Porque de tal manera amó Dios al mundo, que ha dado a su Hijo unigénito, para que todo aquel que en él cree, no se pierda, mas tenga vida eterna. Juan 3:16 (RVR1960)

Propósito
Que los niños sepan que Jesús nos amó, nos sigue amando y espera que pasemos la eternidad en el cielo con Él.

Aplicación
Que los niños les hablen a otros de este grande amor y sacrificio.

Materiales
✓ Cartulina o fomi
✓ Cinta
✓ Pegamento
✓ Tijeras
✓ Calcomanías o marcadores para decorar

Nivel de dificultad
baja

Tiempo de realización
5-10 minutos

Procedimiento

Recorta una corona con picos.

Pégale la cinta en la parte de abajo para que sea más fácil colocarla en la cabeza de los niños.

Que los niños decoren la corona a su gusto.

Una vez terminada coloca la corona en la cabeza de los niños.

Así los niños recordarán que Jesús es Rey y que algún día estaremos reinando con Él.

Video idea 30

31

Las promesas de Dios

Hay momentos duros en la vida que nos hacen pensar si realmente Dios está allí, o si Él se acuerda de nosotros. Si como adultos nos vienen esos pensamientos, ¿te imaginas a un niño pequeño? El Señor nunca nos dejará solos, siempre estará a nuestro lado, fiel como un padre amoroso.

Versículo clave

Señor, tú cumplirás lo que has prometido hacer para mí. Señor, tu fiel amor es para siempre; por eso sé que no abandonarás a quienes tú mismo creaste.
Salmos 138:8 (PDT)

Propósito

Que los niños recuerden siempre que Dios es fiel y cumple sus promesas.

Aplicación

Que los niños vayan a Dios es oración confiando en que Él cumplirá sus promesas en cada una de sus vidas.

Materiales

✓ Tijeras
✓ Pegamento
✓ Grapadora
✓ Papel o cartulina azul
✓ Papel o guirnaldas de colores rojo, naranja, amarillo, verde, azul claro, azul oscuro y morado

Nivel de dificultad
baja

Tiempo de realización
5-10 minutos

Procedimiento

Primero cortaremos la nube con el versículo, las tiras de colores y la cartulina o el papel azul.

Ahora colocamos pegamento y pegamos las tiras de papel de colores y cerramos la cartulina para formar un cilindro.

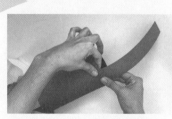

Engrapamos y fijamos por dentro la tira de papel azul.

Finalmente recortamos el versículo en forma de nubes y lo pegamos en el centro del cilindro.

¡Listo! Ya tienes una manualidad muy fácil de hacer para los niños de la escuela dominical. ¡Recuerda, Dios siempre cumple sus promesas!

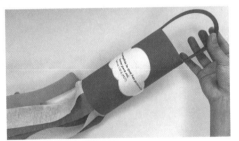

Video idea 31

32

El perdón de pecados

El problema más profundo del hombre no es carecer de algo, el problema del hombre no es biológico, o relacional, sino que su mayor problema es su pecado, y ese pecado lo ha alterado todo. El pecado ha sido una fuerza tan poderosa que vino a poner en enemistad al hombre contra Dios, al hombre contra la naturaleza y al hombre contra el hombre. Es por esto que necesitamos el perdón de nuestros pecados más que otra cosa. El perdón de pecados constituye el corazón del ministerio de Cristo.

Versículo clave
Porque el Hijo del Hombre vino a buscar y a salvar lo que se había perdido.
Lucas 19:10 (RVR1960)

Propósito
Que los niños sepan que Jesús quiere que nosotros perdonemos a todos aquellos que nos ofenden.

Aplicación
Que los niños perdonen a los demás.

Materiales
✓ Palitos de helado
✓ Marcadores o pintura
✓ Pegamento
✓ Hijo
✓ Tijeras

Nivel de dificultad
baja

Tiempo de realización
5-10 minutos

Procedimiento

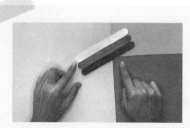

Pinta un palito negro, otro blanco y rojo.

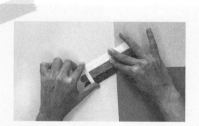

Parte otro palito por la mitad y pégalo en ambos extremos.

Toma un hilo y pégalo por la parte trasera.

Luego con un marcador escribe en el palito negro: pecado; en el palito rojo: confesión; y en el palito blanco: perdón.

Esto significa que nuestro corazón es oscuro y necesita que confesemos nuestros pecados, para que la sangre de Jesús nos limpie y perdone.

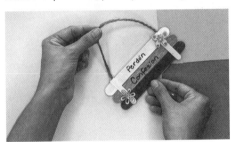

Video idea 32

33

El libro sin palabras

C on esta técnica aprenderás una manera diferente y muy divertida de evangelizar no solo a los niños sino también a los adultos. Cada color tiene un significado y un versículo para enseñar. ¡También les mostraré una canción que los niños no podrán olvidar jamás!

Versículos clave

Negro - Romanos 6:23
Rojo - 1 Juan 1:9
Blanco - Isaías 1:18b

Verde - 1 Pedro 2:2
Oro o amarillo - Apocalipsis 21:19
Azul - Juan 14:2-3

Propósito

Que los niños sepan que Jesucristo es nuestro Salvador y que somos limpios a través de su sangre preciosa.

Aplicación

Que aprendan a evangelizar a otros a través de esta manualidad.

Materiales

✓ Cartulina o papeles negro, rojo, blanco, verde, oro o amarillo y azul
✓ Pegamento
✓ Tubo de papel reciclado
✓ Limpia pipas
✓ Ojitos
✓ Marcador

Nivel de dificultad
media

Tiempo de realización
10-15 minutos

Procedimiento

Corta todos los papeles en tiras y luego pégalos en orden uno por uno sobre el tubo de papel higiénico.

Pega el papel azul por la parte de atrás y dale forma de alas de una mariposa.

Usa el limpia pipas o cualquier cosa que te sirva como antenas para la mariposa.

Finalmente pega los ojitos y dibuja la boca.

Así tendrás una linda mariposa para explicar el plan de salvación a los niños. La mariposa habla sobre la metamorfosis, la transformación que hace Dios en nuestras vidas.

Video idea 33

34

La oveja perdida

A veces vamos por el mundo y tomamos decisiones incorrectas, pensamos que quizás Dios ya no nos quiere y que hemos dejado de ser sus hijos. La Biblia nos enseña que tenemos un buen pastor y que Él da su vida por sus ovejas. Tú y yo somos ovejitas del Señor, Él nos ama, nos quiere y nos cuida. No tengas miedo de aceptar tus errores y decirle que te perdone por todo lo malo que has hecho, Él te ama y está dispuesto a perdonarte.

Versículo clave
Jehová es mi pastor; nada me faltará. Salmos 23:1 (RVR1960)

Propósito	Aplicación
Que los niños sepan que Jesús es nuestro amigo, nuestro Salvador y nuestro pastor.	*No importa la situación o lo malo que hayan hecho, vengan a Dios en oración y Él sanará sus heridas.*

Materiales
- ✓ Tubo de papel higiénico
- ✓ Algodón
- ✓ Papel negro
- ✓ Ojitos
- ✓ Pegamento
- ✓ Tijeras
- ✓ Silicón

Nivel de dificultad
baja

Tiempo de realización
5-10 minutos

Procedimiento

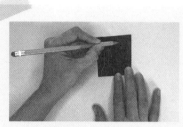

En un papel negro dibuja y recorta las patitas de la oveja y su cabeza.

Pega las patitas por abajo del tubo de papel y luego coloca pegamento en todo el tubo para pegar el algodón.

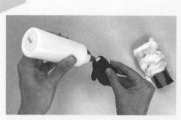

Pega algodón en la frente de la orejita y luego pega la cabeza en el tubo de papel.

Una vez que tengas la cabeza pegada, comienza a poner los ojitos y las otras patitas.

Y así tendrás una hermosa ovejita que nos recordará siempre el amor de Dios para cada uno de nosotros.

Video idea 34

35

La Gran Comisión

La Gran Comisión es un llamado de parte de Dios que todos los creyentes debemos cumplir. Compartir el evangelio de Cristo es una de las tareas más gratificantes y hermosas que podemos realizar. Su mensaje es un mensaje de perdón de pecados, esperanza y libertad.

Versículo clave

Así que vayan y hagan seguidores en todas las naciones. Bautícenlos en el nombre del Padre, del Hijo y del Espíritu Santo. Mateo 28:19 (PDT)

Propósito

Que los niños aprendan a hablar del amor de Dios y lo que hizo por nosotros a otras personas.

Aplicación

Que vayan y hablen de Cristo a otros.

Materiales

✓ Tubo de papel higiénico

✓ Pegamento

✓ Lentejuelas

✓ Cartulina o papel

✓ Una esfera vieja navideña o bolas de icopor o unicel

Nivel de dificultad
media

Tiempo de realización
10-15 minutos

Procedimiento

Toma el tubo de papel higiénico y pega el papel tratando de cubrirlo todo.

Luego pega las lentejuelas.

Ahora toma un icopor o una esfera vieja reciclada y ponle pegamento.

Pégala en el tubo.

Ya tienes un micrófono que te sirve para explicar que debemos hablar del amor de Cristo a la humanidad.

Video idea 35

36

El fruto del Espíritu

Cuando hablamos del fruto del Espíritu Santo tenemos que imaginarnos a una persona completa, feliz, dichosa y que no le hace falta nada más porque está guiado y controlado por el Espíritu Santo.

Versículo clave
En cambio, el Espíritu produce amor, alegría, paz, paciencia, amabilidad, bondad, fidelidad, humildad y dominio propio. No existe ninguna ley en contra de esas cosas. Gálatas 5:22-23 (PDT)

Propósito
Que los niños entiendan que solo Dios puede producir lo que dice Gálatas 5:22-23.

Aplicación
Que los niños crezcan llenos del fruto del Espíritu Santo.

Materiales
- ✓ Plato de cartón
- ✓ Pintura o marcadores
- ✓ Tijeras

Nivel de dificultad
baja

Tiempo de realización
5 minutos

Procedimiento

Toma el plato y pinta el centro de rojo.

Luego pinta el borde de color verde.

Una vez que esté seco, pinta las semillas con un color negro.

Finalmente recórtalo en nueve porciones.

En cada pedazo de sandía los niños pueden colocar un fruto del Espíritu Santo.

Video idea 36

37

Amor al prójimo

Dios en su Palabra nos enseña que debemos amar a los demás porque Dios nos ha amado a nosotros, así como somos: imperfectos, pecadores, mentirosos y nunca nos ha dejado de amar por eso. Entonces, ¿cómo podemos nosotros no amar a los demás?

Versículo clave
Y el segundo es semejante: Amarás a tu prójimo como a ti mismo.
Mateo 22:39 (RVR1960)

Propósito
Que los niños recuerden que el amor a los demás es un mandamiento fundamental que debemos cumplir.

Aplicación
Que aprendan a amar a los demás sin juzgarlos.

Materiales
✓ Papel o cartulina
✓ Tijeras
✓ Pegamento
✓ Lentejuela
✓ Palito de helado

Nivel de dificultad
baja

Tiempo de realización
5-10 minutos

Procedimiento

Toma un papel del color que prefieras y corta un corazón.

Luego agarra las lentejuelas u otra decoración que quieras y decora el corazón, dejando un espacio en el centro.

Una vez que hayas pegado todo, escribe el versículo clave.

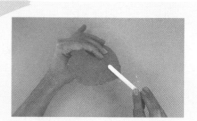

Pega el palito de madera por la parte de atrás del corazón.

¡Listo, ya tienes una manualidad que habla sobre el amor al prójimo!

Video idea 37

38

Honra a tus padres

Qué lindo es poder disfrutar de una familia, en especial de un papá y una mamá. Hay muchos niños en el mundo que desearían tener el cariño y el amor de un padre, pero lamentablemente no lo tienen. Los que gozamos de esa bendición debemos amarlos, respetarlos y honrarlos como lo dice Dios en su Palabra.

Versículo clave

Honra a tu padre y a tu madre, que es el primer mandamiento con promesa; para que te vaya bien, y seas de larga vida sobre la tierra. Efesios 6:2-3 (RVR1960)

Propósito	Aplicación
Que los niños aprendan a honrar y a respetar a sus padres.	*Que comprendan que con esa obediencia viene una larga recompensa.*

Materiales

✓ Cartulina café y negra

✓ Tijeras

✓ Pegamento

✓ Palito de helado

✓ Marcador

✓ Piedras decorativas

Nivel de dificultad
media

Tiempo de realización
10-15 minutos

Procedimiento

Corta la cartulina marrón en forma de carita.

Corta la cartulina negra para el cabello de la muñeca y pégala al frente y atrás para formar los flecos.

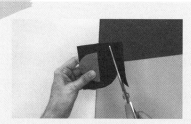

Usa las tijeras para darle la forma que quieras al cabello de la muñeca.

Una vez que hayas terminado, dibujar el rostro y pega los aretes.

Finalmente pega el palito de helado detrás de la cara y escribe la cita del versículo de la clase.

Video idea 38

39

La oración

La oración es una de las actividades más importantes y necesarias de la vida cristiana. Por lo tanto, hay que enseñarles a los niños que la oración es algo muy natural en la vida de un hijo de Dios, que es una plática que tenemos con nuestro Padre celestial, así como cuando hablamos con nuestros padres terrenales o un buen amigo.

Versículo clave

La seguridad que tenemos al estar unidos a Dios es esta: Dios escucha nuestras oraciones cuando le pedimos conforme a su voluntad. 1 Juan 5:14 (PDT)

Propósito

Que los niños tengan la plena confianza de que Dios escucha nuestra oración.

Aplicación

Que hablen con Dios confiando que Él está allí escuchando sus palabras.

Materiales

✓ Cartulina o papel
✓ Tijeras
✓ Pegamento
✓ Marcadores

Nivel de dificultad
baja

Tiempo de realización
5-10 minutos

Procedimiento

Traza la mano de los niños y que ellos mismos la recorten.

Dibuja una maceta y recórtala.

Pega la mano detrás de la maceta.

Escribe los cinco pasos de la oración: adorar, confesar, agradecer, orar por otros y orar por uno mismo.

Así los niños podrán recordar siempre que la oración tiene poder y que Dios todo el tiempo escucha nuestras palabras.

Video idea 39

40

Servir a Jesús

Una de las preguntas obligadas que los padres hacemos a nuestros hijos es: ¿Qué te gustaría ser cuando seas grande? Y la gran mayoría de ellos responden: policía, bombero, doctor, astronauta, estrella del deporte, etc. Creo que no muchos contestarían: me gustaría ser un siervo. Jesús nos dio ejemplo de servicio y Él nos pide que sirvamos a nuestro prójimo con amor.

Versículo clave

Porque ni aun el Hijo del hombre vino a que le sirvieran, sino a servir a los demás y a dar su vida en rescate por muchos. Marcos 10:45 (PDT)

Propósito

Que los niños aprendan a servir y amar a otros, pensando siempre que si lo hacen, para Dios lo hacen.

Aplicación

Que sirvan con amor a los demás.

Materiales

✓ Papel o cartulina
✓ Tijeras
✓ Marcadores

Nivel de dificultad
baja

Tiempo de realización
5 minutos

Procedimiento

Sobre el papel traza el pie de un niño.

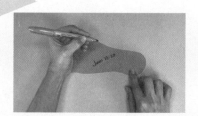

Recórtalo y escribe el versículo clave.

También escribe las palabras: amor, servir, comprender, respetar, ayudar, perdonar y amar.

Finalmente, coloca una cuerda.

Lo puedes colgar en el cuello de los niños para que los demás vean que son servidores de Dios.

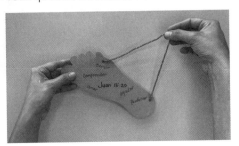

Video idea 40

41

Luz del mundo

D onde quiera que estemos somos luz. La gente puede ver nuestras actitudes, comportamientos, oír nuestras palabras; es importante que reflejemos el amor de Dios que está en nosotros. Siempre debemos tener cuidado con lo que decimos o hacemos porque si somos hijos de Dios, debemos comportarnos como hijos de luz.

Versículo clave

Ustedes son la luz que alumbra al mundo. Una ciudad que está en un monte no se puede esconder. Mateo 5:14 (PDT)

Propósito

Que los niños aprendan a ser hijos de luz, a cuidar su lengua, su comportamiento y actitudes.

Aplicación

Que hablen y actúen como hijos de Dios.

 Materiales

✓ Cartulina o papel

✓ Tijeras

✓ Marcadores

✓ Pegamento

✓ Cinta adhesiva

Nivel de dificultad
media

Tiempo de realización
10-15 minutos

Procedimiento

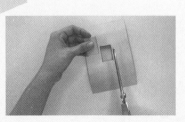

Toma el papel y corta una pequeña ventana. Y en otro papel dibuja una llama.

Luego escribe el versículo clave y pega la llama en la ventana.

Ahora pega con cinta adhesiva las dos orillas del papel y forma un cilindro.

Recorta un círculo, haz un corte en la mitad para formar el techo y recorta un cuadrado para la base.

Ya tienes una pequeña casa con una llama adentro. Esto representa la casa que somos nosotros y la luz de Jesús que siempre brillará.

Video idea 41

42

La Biblia

La Biblia es un libro sagrado que Dios nos ha dejado para guiarnos. Así como la luz nos ilumina en la oscuridad, la Palabra de Dios nos ayuda a caminar por caminos que no conocemos, desconocidos; ella es la luz que nuestra vida necesita.

Versículo clave

Lámpara es a mis pies tu palabra, y lumbrera a mi camino.
Salmos 119:105 (RVR1960)

Propósito

Que los niños quieran leer la Palabra de Dios para que así sepan por cuál camino deben andar.

Aplicación

Que apliquen la Palabra de Dios en cada momento de su vida.

Materiales

✓ Papel o cartulina

✓ Tijeras

✓ Pegamento

Nivel de dificultad
baja

Tiempo de realización
5 minutos

Procedimiento

Toma el papel y corta una tira delgada.

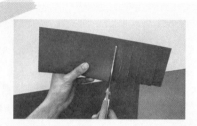

Dóblala por la mitad y haz cortes.

Coloca pegamento en los extremos y pega formando un cilindro.

Pega la tira que cortaste al principio en la parte de arriba de la lámpara.

Ahora ya tienes una linda lámpara que sirve para enseñarle a los niños que la Biblia es lámpara para nosotros.

Video idea 42

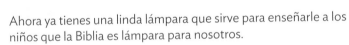

43

La armadura de Dios

No cabe duda que la vida cristiana es una lucha constante en contra de las fuerzas del mal. Fuerzas malignas atacan nuestra vida, la de nuestra familia, de nuestros hijos, y qué decir de los ataques que recibe la Iglesia de Cristo. Por lo tanto, el mensaje del apóstol Pablo es claro: tenemos que vestirnos con la armadura de Dios para estar firmes y vencer los ataques del maligno.

Versículo clave
Vestíos de toda la armadura de Dios, para que podáis estar firmes contra las asechanzas del diablo. Efesios 6:11 (RVR1960)

Propósito
Que los niños aprendan a ver la Biblia como un arma poderosa para enfrentar a Satanás y sus ataques.

Aplicación
Que los niños usen la Palabra de Dios, que la lean y la atesoren en su corazón.

Materiales
✓ Palitos de helado
✓ Papel de colores o fomi
✓ Tijeras
✓ Pegamento
✓ Ojitos o marcador
✓ Limpia pipas
✓ Pintura

Nivel de dificultad
baja

Tiempo de realización
5-10 minutos

Procedimiento

Pinta el palito de madera de color verde.

Recorta un sombrero, una carita, el cuello, el cinturón y los zapatos.

Pégalos en el palito de madera para ir formando el soldado.

Rodea el palito con el limpia pipas para formar sus brazos.

Explica a los niños lo importante de que somos soldados de Jesucristo y que siempre debemos estar armados como lo enseña Efesios 6:11.

Video idea 43

44

El sembrador

La Palabra de Dios no nos fue dada solo para leerla, sino también para ponerla en práctica. Es importante enseñarles a los niños que debemos utilizarla para que podamos crecer espiritualmente.

Versículo clave

Pero otros son como la semilla que se sembró en tierra buena. Estos son los que oyen el mensaje, lo aceptan y dan una gran cosecha. Darán mucho más de lo sembrado, hasta 30, 60 y 100 veces más. Marcos 4:20 (PDT)

Propósito

Que los niños sepan que la Palabra de Dios es poderosa y lo importante de atesorarla en nuestro corazón.

Aplicación

Que los niños pongan en práctica todo lo que aprenden en la Palabra de Dios, que den frutos.

Materiales

✓ Lata reciclada
✓ Cinta decorativa
✓ Papel rojo y verde
✓ Popote
✓ Arena
✓ Tijeras
✓ Pegamento

Nivel de dificultad
media

Tiempo de realización
10-15 minutos

Procedimiento

Toma la lata y pega la cinta decorativa alrededor.

Recorta dos corazones y pégalos al popote.

Haz dos recortes con forma de hojas y pégalas.

Finalmente coloca arena en la lata y mete la flor.

Así explicarás mejor la clase del sembrador.

Video idea 44

45

El robo

Muchas veces pensamos que las cosas pequeñas como un lápiz, un saca-puntas o algo parecido no tienen importancia. Debemos ser claros con los niños y explicarles que no importa el tamaño de lo que se robe, lo importante es que Dios está viendo nuestro corazón y sigue siendo pecado.

Versículo clave
No robes. Éxodo 20:15 (PDT)

Propósito	Aplicación
Que los niños sepan que hay un mandamiento que dice que no debemos robar y que eso no es agradable para Dios.	*Que los niños aprendan a no robar, por más pequeño que sea no deben hacerlo.*

Materiales

✓ Fieltro

✓ Tijeras

✓ Elástico

Nivel de dificultad
media

Tiempo de realización
10-15 minutos

Procedimiento

Toma el fieltro y dibuja la forma de una máscara.

Márcalo con un marcador o tiza blanca para que así los niños puedan cortarlo solos.

Corta un elástico un poco más largo que el antifaz.

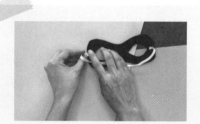

Pega el elástico al antifaz.

Y así tienes un antifaz que recordará a los niños que no importa dónde nos escondamos, Dios aún puede vernos si robamos.

Video idea 45

46

La mentira

Vivimos en una sociedad que promueve la mentira, exalta y comercializa con la mentira. Sin embargo, la mentira destruye, daña; la mentira es generadora de una lista enorme de pecados. Por lo tanto, el desafío que Pedro nos presenta es clave para poder disfrutar vidas no solo que agraden a Dios, sino que sean de impacto a quienes nos rodean.

Versículo clave

Quien quiera amar la vida y disfrutar días buenos, no permita que su lengua haga daño, ni que su boca diga mentiras. 1 Pedro 3:10 (PDT)

Propósito

Que los niños sepan que Ananías y Safira fueron castigados por mentirle a Dios.

Aplicación

Que siempre hablen con la verdad sin importar cuáles sean las consecuencias.

Materiales

✓ Un plato de cartón

✓ Marcadores o pintura

✓ Palito de helado

Nivel de dificultad
baja

Tiempo de realización
5-10 minutos

Procedimiento

Toma el plato y córtalo por la mitad.

Dibuja una boca formando los dientes y la lengua.

También escribe el versículo clave.

Pega el palito de helado por la parte de atrás.

Ahora los niños podrán jugar, pero también recordar que siempre debemos decir la verdad.

Video idea 46

47

Seguir a Jesús

Jesús quiere que no solamente seamos oidores de su Palabra sino también hacedores. Motivemos a los niños a seguir los pasos de Jesús y hablar de su Palabra.

Versículo clave

Y les dijo: Venid en pos de mí, y os haré pescadores de hombres.
Mateo 4:19 (RVR1960)

Propósito

Que los niños sepan que como seguidores de Dios debemos ganar a otros para Cristo.

Aplicación

Que aprendan a compartir de la Palabra a otras personas para que también sean seguidores de Jesús.

Materiales

✓ Cartulina
✓ Tapa plástica reciclada
✓ Calcomanías o dibujos pequeños
✓ Tijeras
✓ Marcador

Nivel de dificultad
baja

Tiempo de realización
5 minutos

Procedimiento

Dibuja un pez para que los niños lo puedan recortar.

Ayuda a los niños a pegar la tapa reciclada.

Pega un papel negro o dibuja un círculo con marcador.

Deja que los niños decoren el pez a su manera.

Al final tendrás un hermoso pez que nos recuerda el versículo clave: «pescadores de hombres».

Video idea 47

48

La incredulidad

A Tomás le costaba creer que Jesús estuviera vivo, su mente no podía comprender que alguien que fuera crucificado ahora estuviese vivo, por eso dijo que necesitaba tocar sus heridas para realmente creer. La fe es sumamente importante para tener vidas en victoria. Debemos tener fe y saber que nuestra responsabilidad es creer y confiar en Dios, quien obra sobrenaturalmente.

Versículo clave

Nadie puede agradar a Dios si no tiene fe. Hebreos 11:6 (PDT)

Propósito

Que los niños entiendan que Dios puede obrar poderosamente si confiamos con todo nuestro corazón.

Aplicación

Que los niños crean, dependan y confíen cada día en Dios y sus promesas.

Materiales

✓ Papel de colores

✓ Marcadores

✓ Palito de helado

✓ Pegamento

✓ Tijeras

Nivel de dificultad
baja

Tiempo de realización
5 minutos

Procedimiento

Traza la mano de los niños en los papeles de colores.

Recorta y con un marcador dibuja un corazón.

Ahora toma el palito de helado y pégalo en la parte de atrás.

Finalmente escribe el versículo clave en el palito.

Repasa la historia de Tomás y su incredulidad.

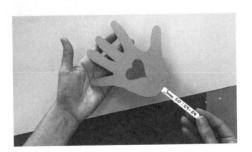

Video idea 48

49

La soledad

U n día Dios le dijo a Elías que le dijera al rey Acab que no iba a llover por mucho tiempo, quizás Elías se preocupó, pues todos nosotros necesitamos alimentarnos, y en aquel tiempo la fuente principal eran los alimentos que se cosechaban. Pero Dios le dijo que no se preocupara, porque Él lo iba a alimentar durante ese tiempo de sequía.

Versículo clave
Beberás del arroyo; y yo he mandado a los cuervos que te den allí de comer.
1 Reyes 17:4 (PDT)

Propósito
Que los niños sepan que Dios cumple sus promesas, y que pueden creer en cada una de ellas.

Aplicación
Que aprendan a confiar en cada una de sus promesas y que crean siempre en su Palabra.

Materiales
✓ Tubo de papel higiénico
✓ Papel o cartulina negra
✓ Pegamento
✓ Tijeras
✓ Ojitos
✓ Papel amarillo o fieltro

Nivel de dificultad
baja

Tiempo de realización
5-10 minutos

Procedimiento

En el tubo de papel higiénico reciclado pega el papel negro alrededor.

Con otro papel negro haz las alas del pájaro y pégalo en el tubo de papel higiénico.

Ahora recorta el pico del pájaro y pégalo junto con los ojitos.

Finalmente recorta unos flecos para pegarlos en la parte de arriba del pájaro.

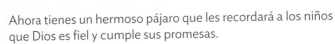

Ahora tienes un hermoso pájaro que les recordará a los niños que Dios es fiel y cumple sus promesas.

Video idea 49

50

La vida eterna

Jesús no solo murió en la cruz, sino que también resucitó y nos prometió unas moradas celestiales a todos los que creyeran en Él.

Versículo clave

Hay muchos lugares en la casa de mi Padre. Si no fuera así, se lo diría. Voy a prepararles un lugar. Juan 14:2 (PDT)

Propósito

Que los niños sepan que después de la muerte hay un lugar para aquellos que han aceptado a Jesús como su único y suficiente salvador.

Aplicación

Que los niños acepten a Cristo como su Salvador.

 Materiales

- ✓ Tubos de papel reciclados
- ✓ Papel o pintura azul
- ✓ Papel blanco
- ✓ Tijeras
- ✓ Pegamento
- ✓ Cordón

Nivel de dificultad
media

Tiempo de realización
5-10 minutos

Procedimiento

Forra los tubos de papel con el papel azul.

Pega los dos tubos.

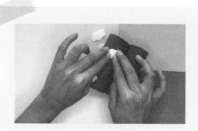

Recorta nubes y decora.

Abre dos orificios en los dos extremos para pasar un hilo y colgar la manualidad en el cuello de los niños.

De esta manera los niños podrán jugar y a la vez imaginarse una vida con Jesús en el cielo.

Video idea 50

51

La ofrenda

Hoy en día no se le da mucha importancia a las ofrendas, ya no se les enseña a los niños la importancia de ofrendar y hacerlo de corazón. Con esta idea les mostraremos a ellos que es importante ir guardando su ofrenda para después, con amor, ofrendar lo que han guardado.

Versículo clave

Cada uno dé como propuso en su corazón: no con tristeza, ni por necesidad, porque Dios ama al dador alegre. 2 Corintios 9:7 (RVR1960)

Propósito

Que los niños sepan que el ofrendar a Dios es una bendición para sus vidas.

Aplicación

Que los niños aprendan a ofrendar con alegría en su corazón.

Materiales

✓ Botella plástica reciclada

✓ Fomi o cartulina o tela

✓ Pegamento

✓ Ojitos

✓ Piedras decorativas

Nivel de dificultad
media

Tiempo de realización
10-15 minutos

Procedimiento

Toma la botella plástica y pega el fomi, luego abre un pequeño orificio sobre ella.

Pega estas piedras debajo de la botella simulando unas patitas.

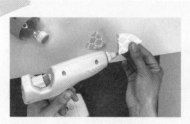

En la tapa pega fomi del mismo color. Con un papel en forma de triángulo simula unas orejas.

Finalmente pega los ojitos y pinta la nariz del puerquito.

Y así tendrás una linda manualidad que habla sobre cómo ofrendar a Dios. Motiva a los niños a guardar en esta alcancía para que ellos puedan dar en el futuro a Dios.

Video idea 51

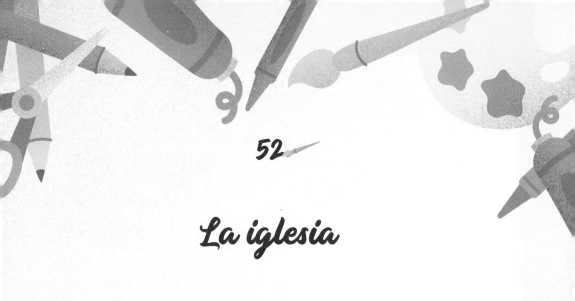

52

La iglesia

La iglesia, aparte de ser la casa de Dios, es un lugar que nos ayuda para edificarnos espiritualmente. Es donde podemos convivir con nuestros hermanos espirituales. Es importante inculcarle esto a los niños para que desde pequeños amen y disfruten ir a la casa de Dios.

Versículo clave

No dejarnos de congregarnos, como algunos tienen por costumbre, sino exhortándonos; y tanto más, cuanto veis que aquel día se acerca.
Hebreos 10:25 (RVR1960)

Propósito

Que los niños aprendan la importancia de ir a la iglesia y congregarse.

Aplicación

Que vayan a la iglesia y animen a sus familiares a no dejar de congregarse.

Materiales

✓ Palitos de helado
✓ Pegamento
✓ Marcadores
✓ Decoraciones

Nivel de dificultad
media

Tiempo de realización
5-10 minutos

Procedimiento

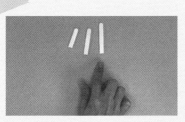

Toma tres palitos de madera y córtalos en tamaños diferentes.

Que los niños dibujen sobre estos una familia.

Pega por atrás otro palito con el versículo clave y así comenzarán a formar una casa o iglesia.

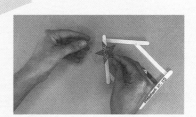

Al final que decoren la iglesia a su manera.

Listo, ya tienes una hermosa iglesia para recordar a los niños que es importante ir a la casa de Dios y aprender más de su Palabra.

Video idea 52